# Incipiente

# *Incipiente*

## Colección de Poesías

### I

### 1977–1982

Rosa M Díaz

*Incipiente*
*Colección de Poesías*
*I*
*1977–1982*

Copyright © 2021 by Rosa M Díaz.

Paperback ISBN: 978-1-63812-159-6
Ebook ISBN: 978-1-63812-160-2

All rights reserved. No part in this book may be produced and transmitted in any form or by any means, electronic, or mechanical, including photocopying, recording, or by any information storage and retrieval system, without permission in writing from the copyright owner.

The views expressed in this work are solely those of the author and do not necessarily reflect the views of the publisher hereby disclaims any responsibility for them.

Published by Pen Culture Solutions   02/15/2021

Pen Culture Solutions
1-888-727-7204 (USA)
1-800-950-458 (Australia)
support@penculturesolutions.com

Para mi familia
Por su apoyo,
Para mis amigos
Por sus palabras,
Para mi hijo
Por su confianza.

## Introducción

Nací en la Ciudad de México en 1963. De ocho hermanos, yo soy la número seis. Vivimos en la ciudad de México hasta 1968. Yo apenas iba a cumplir cinco años cuando nos mudamos a Ciudad Morelos, un pueblito en el desierto de Baja California, junto a la frontera de Estados Unidos. Allí vivimos cuatro años y esos años transformaron mi vida de muchas maneras.

En enero de 1973 llegué a reunirme con mi familia que ya había emigrado al Valle Central de California. Vivimos en el pequeño pueblo de Atwater el primer año. Luego nos mudamos a un rancho lejos de la ciudad donde estuvimos cuatro años. Finalmente en 1978 nos mudamos a nuestra propia casa en Winton.

Por mis estudios y ya como adulta, viví en Turlock seis años durante la década de 1980.

Mi único hijo nació en 1991 y ya, él y yo, nos mudamos para Modesto en 2000.

Asistí a la Escuela Mitchell Elementary 1973-1976
Mitchell Sr. Junior High School 1976-1978
Atwater High School 1978-1982
Merced College 1982-1984
California State University, Stanislaus, donde me gradué en 1990.

Empecé a escribir cuando tenía 13 o 14 años en español, mi lengua materna.

Me tomó algunos años para sentirme confiada o inspirada para escribir en inglés, pero aun así, siempre tenía la idea y lo básico en español. Muchos años después, empecé a traducir mi propio trabajo en los dos idiomas porque sé que mucho del contenido se pierde en la traducción y nadie sabe mejor que yo lo que quiero comunicar.

Por desgracia, me deshice de muchos de mis primeros poemas, sin pensar en el mañana. También, por malicia o no sé qué, algunas gentes se guardaron o perdieron algunas de mis escrituras cuando les di a leer lo que tenía. Y para acabar, a través de los años y por la tecnología, perdí otros poemas y cuentos. Y aun hoy, veo que cada cosa escrita es tan importante y cada pérdida duele hasta lo más profundo.

Recuerdo que mi mejor amiga se auto-denominó como mi secretaria. Todo comenzó como algo corto, simple, y más que nada, por la diversión de la rima.

Ella escribía todo lo que le decía cuando me llegaba la inspiración. Ella tenía la letra legible y yo tenía las ideas, prontas y continúas.

Poco a poco empecé a escribir mi punto de vista, mis imaginaciones y mis sentimientos. Como una niña protegida, todo eso tenía su limité. Cabe aclarar que cuando hablo del amor, hablo del amor emocional no del amor físico.

Si pudiera volver al pasado, escribiría acerca de mis amigos y la gente que veía todos los días, tantas historias, tantos incidentes, tantas experiencias vividas pero nunca escritas. Escribiría con fuerza lo que veo y opino y no lo personal o lo que siento. Me enfocaría en temas juveniles y problemas sociales, en puntos de vista que van con mis edades. Dejaría a un lado la fantasía, los temas que no conocía y lo que aún no había experimentado. Si pudiera volver al pasado, escribiría diferente y no tratar de ser alguien que no era. Pero esos errores me abrieron el apetito a las letras, a la observación y al subconsciente.

De niña, tenía mi grupo de amigos y amigas en la escuela. Estábamos al mismo nivel mental, social, familiar y económico. A diario eran risas y platicas sin fin pero, ya en uno a uno, la plática se volvía personal y seria. Me tenían confianza para contarme sus problemas personales y familiares. Esas amistades duraron todos los años de mi niñez hasta que me gradué de la preparatoria, (high school). Por lo tanto, debo admitir que, en ocasiones, me apropié de los sentimientos, los puntos de vista, los incidentes y los problemas de otra gente que me inspiraron a escribir.

Gracias a todos los que han venido a mi vida, directa o indirectamente, porque eso ha fortalecido mi vida. He aprendido mucho de todos ellos y cada acción y palabra me ha hecho lo que soy. Gracias.

## Contents

**ESPIRITUALIDAD** ............................................................. 1

Delirio ................................................................................ 3
Dios Mío ........................................................................... 4
Guadalupe ......................................................................... 5
Señor ................................................................................. 6
Agradecida ........................................................................ 7
Únete A Mí ....................................................................... 8

**INCIPIENTE** ...................................................................... 9

Estudiando ...................................................................... 11
Para Mí ........................................................................... 13
Me Voy Feliz ................................................................... 14
El Poeta ........................................................................... 15
Cuando Regreses ............................................................. 17
Desolación ...................................................................... 18
Mundo Loco ................................................................... 19
Amigo Terrestre .............................................................. 21
Frustración ..................................................................... 23
Mi Tesoro ....................................................................... 24

**AMOR JOVEN** ................................................. 25

Rumores .................................................. 27
Creo ...................................................... 28
Amor ..................................................... 29
Todo ..................................................... 30
El Primer Amor ........................................ 31
No Me Dejaron
Quererte ................................................ 32
Pensando En Ti ....................................... 33
La Distancia ........................................... 34
Discúlpame ............................................ 35
Vete ..................................................... 36
Renunciación ......................................... 37
Cuando Te Alejas .................................... 38
Bien Lo Sabes ......................................... 39
Vuelve .................................................. 40
Dame Un Beso ....................................... 41
Recuerdos .............................................. 42
Te Extraño ............................................. 43
Lágrimas Del Recuerdo ............................ 44
Tu Partida ............................................. 45
Me Dejas ............................................... 46
Dime .................................................... 47
Deseos .................................................. 48
No Me Hagas Sufrir ................................ 49
Tus Ojos ............................................... 50
Eres De Otra .......................................... 51
Este Día ................................................ 52

**ILUSIONES** ................................................ 53

Fantasías ............................................... 55
Un Adiós .............................................. 56
Soledad ................................................. 57
Mis Sueños ............................................ 58

Fantasía Dibujada ................................................................. 59
Intimidad .............................................................................. 60
Una Pareja ........................................................................... 61
Cartas De Amor ................................................................... 62
Sueños .................................................................................. 63
Diferentes ............................................................................. 64
Esperanzas ........................................................................... 65
Si Tú Fueras ......................................................................... 66
Amor De Un Rato ............................................................... 67
Perdón .................................................................................. 68
Nuestro Amor ...................................................................... 69
Me Haces Falta .................................................................... 70
Eterna Ilusión ...................................................................... 71
¿Dónde Estás? ...................................................................... 72
Nostalgia .............................................................................. 73
Duda .................................................................................... 74
Plegaria ................................................................................ 75
Mi Amor Por Ti .................................................................. 76
El Día ................................................................................... 77
Mañana ................................................................................ 78

## EVENTOS .......................................................................... 79

Un Padre .............................................................................. 81
Esa Fiesta ............................................................................. 82
Esencia De La Inocencia ..................................................... 83
El Día De Las Madres ......................................................... 86
San Nicolás .......................................................................... 87
Quince Años ........................................................................ 88
El 14 De Febrero ................................................................. 89
Nuestro Día ......................................................................... 90
Quinceañera ........................................................................ 91
Entre Humos Y Cenizas ..................................................... 92

## AMBIENTE ... 93

Primavera ... 95
Flores De Mi Jardín ... 96
Una Rosa Marchita ... 97
Bajo La Lluvia ... 98
Refugio ... 99
Luna ... 100
Un Ave ... 101
Rosas ... 102
Sentimientos De Otoño ... 103
Pajarito En Libertad ... 104

## RECORDACIÓN ... 105

Añoranza ... 107
Cinco De Mayo ... 109
Mi Patria ... 110

## REFLEXIONES ... 111

La Vida Y La Muerte ... 113
Perdida Final ... 114
Me Siento Nada ... 115
La Juventud ... 116
Locura ... 117
Lágrimas, Lágrimas ... 119
Lamentos ... 120
Tiempo ... 121
Mentiras ... 122
Un Vagabundo ... 123
El Tiempo Pasa ... 124
Mi Suerte ... 125
Aspiración ... 126

## DEDICACIONES ............................................................... 127

Tu Voz ............................................................................. 129
Mi Amigo ........................................................................ 130
Tú .................................................................................... 131
Bienvenida ..................................................................... 132
A Mi Madre .................................................................... 133
Graduación .................................................................... 134

# ESPIRITUALIDAD

Volteo a los cielos
Cuando estoy triste
O alegre,
Volteo a los cielos
Y rindo
Mi agradecimiento
Seguido
Por lo que tengo
Y la vida que respiro,
El Rey Maestro
Está siempre
Conmigo.

## Delirio

Escucho los truenos
En un Sábado de Gloria.

Es lluvia
Y son lágrimas
De Dios
Causadas
Por las infamias
Del mundo,
Es el llanto
De las almas
En el infierno
Por no soportar
Las torturas,
También
Es el triste llanto
Por la soledad
Abrumadora
Que rodea
A quien está en el cielo.

Los quejidos
Transformados
En truenos,
Son constantes.
El día se ha vuelto triste,
Llueve y llueve
Sin parar,
Dios
No nos tiene piedad.

¡Silencio!
Los gemidos de Dios
Son delirantes.
Él pide paz,
Tolerancia,
Y compasión
Para el prójimo
Y servicio
A Él solamente.
Nos dará vida eterna
Y el mundo
Le responde
Con falsas promesas
De comportarse
Y cuidar de otros.

El delirio en la tierra
Es inquietante.
Al sentirse morir,
La gente pide paz
Y piedad.
Entre sollozos
Y quejidos,
Se acercan a la iglesia
Y creen haber ganado
El cielo
Y limpiado su alma
Con pedir perdón,
Aunque su vida
Haya sido de regocijo,
Maldad y egoísmo
Y sus acciones
No muy gratas.

Abril 7, 1980

# Dios Mío

Dios mío,
No te pido la gloria
Ni la condenación,
Sólo te ruego
Me lleves de aquí
A donde Tú creas
Que es mejor para mí.

Me pongo
En tus manos,
No me dejes caer
En la tentación,
No me dejes caer
En lo irremediable.
Protégeme del infierno
Donde ahora estoy.
No te pido el cielo,
No lo merezco
Pero llévame
Donde me necesiten
Y no tenerme
Por obligación.

Dame la bondad
Para tratar
A los demás.
Limpia mi corazón
De rencores
Para entregarte mi alma
Con pureza y amor.
Dame suficientes días
Para hacer mis deseos,
Dame un mañana
De ilusión
Para tener porque vivir.

Guíame al buen camino
Para merecer
Estar contigo.
No me dejes pensar
En la venganza.
Dame para todos
Su perdón.
No me dejes ser
Egoísta ni cruel,
Ni me ciegues
A la realidad,
No permitas
Llenar mi alma
De mentiras y falsedad.

Te imploro—
Ten piedad
Y yo se la tendré
A los demás.
Hazme saber
Que no estoy olvidada.
Dame esperanzas
De seguir viva.

Dios mío, perdóname
Por pensar en la muerte
Pero es un desahogo
Para mis penas y suerte.
Ampárame,
Para ser mejor.

Febrero 4, 1980

## Guadalupe

A nuestra virgen
Morena,
Reina de mi casa,
Yo le vengo a decir
En esta modesta poesía,
Me encadena a ti
Esta felicidad
Y sufrir
Que doy y sentía.

Ante tu altar
Vengo a arrodillarme.
He venido
A darte mi alma,
Aunque vive
En el pecado,
Se repone
Por tu ayuda.

Virgen de Guadalupe,
Tú, que estás allá
En las alturas
Del cielo,
Dame tu bendición
Y tu perdón
Por no seguir el camino
De tus consejos.

Nuestra virgen
Adorada,
Es para ti
Nuestro canto.
Nunca te olvides
De los que sufren
Sin tu guía.
Manda tu bondad
Y mira hacia abajo
Que nosotros sin ti
Somos,
Simplemente, nada.

Noviembre 24, 1979

## *Señor*

Sé que sola no estoy.
Podría estar
En el desierto
Completamente sola
Y podría sentir
Tu guía
E imaginar
Tu presencia
Frente a mí.

Tú me ayudas
A seguir en la vida.
Tú alivias mis penas.
Por tu bendición,
Mi debilidad
Es fuerza.

Los problemas
Difíciles
Son más fáciles
Cuando sé
Que Tú estás cerca.
En mis frustraciones,
Cuando me siento
Más deprimida,
Siento tu mano
Sobre mí
Y recupero
La fe perdida.

Ante ti
No siento pena
Ni orgullo
Porque Tú eres
Mi testigo
Y Tú estás
En mi conciencia.
Tú eres
La promesa eterna
Por la que tengo
Que vivir.

Mayo 4, 1982

# Agradecida

Gracias le doy a la vida
Por haberme dado tanto,
Aunque nada merezco
Y por lo que me he quejado.

Gracias le doy a Dios
Por darme la vida,
A pesar de ser como es,
A pesar de que sufro
Y disfruto,
Siento vida en mí.

Gracias a mis padres
Por darme la vida
Y el ser,
A mis amigos
Que me han comprendido,
Gracias por todo
Lo ofrecido
Y por su verdad.

No sé
A quién agradecerle
Por esta expresión
Callada
Pero estoy muy agradecida
Por las letras
Que salen de mí.
Estoy agradecida
Por la sabiduría
Adquirida,
Y por tener lo que tengo.

Agradezco
A todos los que me rodean
Hoy y mañana
Así será.

Marzo 24, 1980

## Únete A Mí

Únete
A mi mano
Para darte
El apoyo
Y el amor ofrecido
Que necesitas,
Únete
A mi alma
Para darte
El consuelo
Y aliento
De la vida.

Únete
A mi mano,
Mi amigo,
Mi hermano,
Y juntos
Caminemos
Hacia el rumbo
Del amor,
Únete
A mi mano
Y olvidemos
Las penas
Y el dolor.

Únete
A mi voz
Y riamos
Alto y libremente,
Únete
A mi alma
Para darte
Lo que nadie
Te daba.

Únete
A mi mano
Y ayudemos
A los desdichados
Con lealtad
Y respeto,
Demostrando
Esperanza
Y comprensión,
Únete
A mi mano amiga
Y unidos
Hagamos
De esta revolución,
Un mundo
Lleno de amor,
Únete
A mi alma
Y pidamos
La eterna paz.

Diciembre 10, 1980

# *INCIPIENTE*

Incipiente soy,
Principiante
En el arte
De las letras,
Transmitidas
En la simpleza
De las experiencias.
Incipiente,
Siempre aprendiz,
De lo que otros
Me enseñan.

Incipiente soy,
En la meditación
Y auto-análisis
De lo que he vivido.
Incipiente
En entender
Donde está la raíz
De las emociones
Y de dónde ha venido.

# Estudiando

Estudiando
Me enseñaron
A dar y recibir.
También aprendí
A buscar
La verdad,
Y claro,
A no mentir.

Me enseñaron
A leer
Y escribir
Desde la *a*
Hasta la infinidad.
Aprendí
De números,
De letras
Y silabas,
De palabras sencillas
Y cortas rimas.

En la escuela,
Todo
Era diversión
Con mis amigas.
Lo que yo aprendía,
Después, a ellas,
Se lo enseñaba.

Estudiando,
Aprendí
De lenguas extranjeras.
Aprendí
A conversar,
A saberme expresar,
Y estudiando,
Sé mejor hablar.
Aprendí
De tareas
Y, en composiciones,
Escribí
Mis sentimientos
Y puntos de vista
En cual idioma
Que fuera.

En los libros
De inglés,
Historia,
Ciencia
Y matemáticas
Escribía
Mis memorias
En simples versos
Del derecho al revés.
En la clase de arte,
Canto
Y baile
Con mi imaginación
Volando libre,
Todo
Era más interesante.

Me dieron
Lápices,
Libros
Y libretas,
Pero en lugar
De apuntar
Mi tarea,
Ponía nombres,
Dibujaba caras,
Cosas
Y mil tonterías.

En la escuela,
Estudiando,
En las clases,
Hablando
Y en los libros,
He aprendido bastante
De letras
Y números
Y de sentimientos
Profundos.

Mayo 11, 1979

# Para Mí

Eres como las rosas,
Suaves y primorosas.

Eres como las flores,
Puras
Y sin amarguras.

Eres como los ángeles,
Y también como los claveles.

Eres como la noche,
En que no hay reproches.

Eres ingenua
Como la bondad,
Y dulce como la felicidad.

Eres como el candor
De dos corazones,
Y ardiente como la pasión.

En invierno siento frío
Y en verano siento calor,
No sé qué haría
Si no tuviera tu amor.

Diciembre 12, 1977

## Me Voy Feliz

Si sólo llegué
A este mundo
A sufrir,
Me voy de este feliz.

No he encontrado
Un amor
Que me de calor
Cuando más lo necesito.
Todo
Me lleva al abismo
Si no tengo un amigo.


Febrero 27, 1978

## El Poeta

El poeta
Escribe
Sus imaginaciones,
Pensamientos,
Y sentimientos
Propios y ajenos.
El poeta
Interpreta
Sus tristezas
Y alegrías
A base de
Palabras escritas.
El poeta juega
Con las palabras
Aprendidas.

El poeta
Es quien oye
El corazón
Y no
Al razonamiento.
El poeta
Personaliza
Todas las posibles
Emociones.

El poeta
Es un romanticón
Que busca
Un lugar callado
Para escribir sus ideas.
Describe

Sus desvelos
Bajo la luna
Y las estrellas,
Y ve salir el sol
De un nuevo día.

El poeta
Escribe los sucesos
En rimas
Y versos.
Lleva consigo
Letras
Y ritmos,
Y después
De escribir,
Se libera
De su agobio.

El poeta
Es quien expresa
Sus opiniones
En contra
Y a favor
Del mundo entero
De un modo sutil.
El poeta
Escribe
Las angustias
Y disgustos,
De amor
Y soledad.

El poeta
Escribe y describe
Lo exterior.
Es espontaneo,

Es quien escribe
Lo prohibido,
Lo privado,
Lo secreto—
Y lo del corazón.

El escritor
Aprende a oír,
Ver y callar,
Observa
Y analiza,
Planea y pule,
Se apropia
De los sentimientos
Y opiniones
De otros
Pero si es honesto,
Acredita.

Yo digo
Lo que el poeta es
Pues así soy
Y así me siento.
Pero no todo poeta
Se considera así,
Yo lo que digo,
Lo digo por mí.


Septiembre 5, 1979

## Cuando Regreses

Tuyo es mi corazón.
Así es mi ilusión.

Te quiero.
Desde que te vi,
Me enamoré de ti.

Fuiste mi primer amor,
En tus besos
Sentí el calor
Que deseaba
Y necesitaba.

Ahora te vas
Y es lo peor para mí.
Cuando estábamos juntos,
Nomás era sonreír.
Me extrañarás
Y por eso sé que regresarás.

Todo será como antes
Según mis ilusiones.
Todo será alegría
En el corazón
Y alma mía.


Diciembre 5, 1977

## Desolación

Mis esperanzas
Se han desvanecido,
De mis ojos
Brotan lágrimas,
Y del cielo
Tormentas.
Tanto le pedí a Dios
Que me ayudara
Y mi suerte
Mejorara,
Pero mis esfuerzos
Fracasan.

Fracasos,
Bastantes he tenido
Pero aún,
No me han vencido.
Triste soy,
Se me nota
En lo que escribo
Y soy alegre
Cuando hablo,
Aconsejo y dirijo.
Es lo que dice
La gente
Sin ver
Lo que está presente.

Sufro desilusiones
De trabajos
Y amores.
Ya para que
Me sirve la vida,
Si todo lo que toco
Lo destruyo,
Y a todo el que quiero
Se me va
Y me deja
Con las manos vacías
Y el corazón
Confundido.

Mayo 10, 1980

# Mundo Loco

El mundo
Está loco.
Todos somos locos
Porque estamos aquí
Destruyéndonos.
En lugar de amarnos,
Estamos en contra
De todos,
Sin razón.

Los ricos
Tiran
Dinero y comida,
Y otros mueren
En la miseria
Por falta
De agua y pan.
El rico
No nota
Al pobre,
El viejo se abraza
A su soledad,
El enfermo
Se siente rechazado,
El niño inocente
Es abusado
Y la mujer
Se desmoraliza.
El hombre aprovecha
De su fuerza
Y excede
De su poder

Practicando
Sus malas costumbres.
De esto
Nadie sale ganador.

Mundo loco,
Sí que somos.
Nos burlamos
Del dolor ajeno
Y nos apoderamos
De él
Para nuestra
Satisfacción.
Somos egoístas,
No tenemos respeto
Ni piedad.
El rencor, el odio
Y la venganza
Llenan la mente
Con maldad.

¿Dónde
Se esconde Dios?
¿Qué no ve
Que la gente sufre
Más de lo que goza?
Mucha gente
Necesita padres,
Amigos, hijos.
Otros necesitan
Seguridad
Y confianza
En sí mismos.
¿Dónde está Dios?
¿Qué no ve
Esta depresión,

Angustia
Y melancolía
Llenan el alma,
Y vacían la mente
De ilusión?

Dios,
¿Dónde estás?
¿Dónde te escondes?
¿No ves
Te necesitamos
Aquí y ahora?

Muchos de nosotros
Queremos amar
Y seguir
Las enseñanzas
Del Creador,
Pero resulta
Más fácil actuar
Lo contrario.
Eso no está bien,
Debemos pensar
En el futuro
Y lo que vendrá
Pero la tentación
Es mucha
Y la provocación
Allí está.

Pediré al Creador
Nos levante
La penitencia.
Le ruego
Que escuche
Mis súplicas

Que digo cada noche:
Dios,
Cuida de nosotros.
Cuida de este mundo.
Aunque pecadores,
Todos somos tus hijos.
Necesitamos de ti
Y todos merecemos
Tu guía.

Octubre 10, 1979

## Amigo Terrestre

Amigo terrestre,
Estás haciendo
De este mundo
Un desastre.
Yo soy ajeno a ti,
Yo vengo
De la luna
A darte
Un poco de fortuna.

Yo vivo
Entre planetas
Y estrellas
En el inmenso
Infinito.
Aquí, tú cambias
Todo
Pero allá
Sigue siendo
Lo mismo.

Amigo terrestre,
Matas
A tu hermano
Y destruyes
Tu alrededor
Por cosas
Materiales.
No ves el daño
Que causas
Y haces.
Crees ser feliz
Pero no—no lo eres.
Lloran a tu alrededor
Todos los seres.
¡Pobre infeliz!

Me causas lástima.
En lugar de pétalo,
Eres la espina.
Para ti,
La hermosura
Divina
No tiene valor
Alguno
Hasta sentirte
Perdido
En el fin.

Amigo terrestre,
No soy fantasma,
Ni soy real,
Pero al alma
Le soy leal.
Tú no eres así,
Pobre infeliz.
Tú eres maldad,
Eres guerra
Sin fin.
Pudiste
Haber sido eterno,
Pero destruyes
El mundo entero.
Hoy,
No queda nada
De tu antepasado.

Amigo terrestre,
En el principio
Fuiste ignorancia,
Pero ahora
Eres desgracia.
Fuiste ángel
En tu infancia
Pero hoy,
Como poseído,
Todo mal
Lo haces
Con facilidad
Y no reconoces
Tu valor personal.

Viajas
Y exploras
Para encontrarte,
Y ahora
Quieres venir
A mi casa
Para ensuciarla
Nada más
Como si fuera
Tuya.

Yo desde arriba
Te veo
Y ser como tú
No deseo.
Viéndome
Te asustas
Conmigo
Y debería ser
Al contrario,
Al ver todo
Lo que haces
A diario.
Yo soy feliz
Siendo como soy
Y por ser
Como tú,
Yo nada doy.

Octubre 20, 1980

## Frustración

Me siento frustrada,
Quiero paz,
He llegado al límite
De decir y pensar
Que si tuviera
Mi deseo,
Fuera muy distinta
Toda mi paz espiritual.

Yo, con gusto
Y serenidad,
Ofrezco mi alma
Y mi cuerpo
A Dios
Y al mundo entero,
Sabiendo
Que mi alejamiento
Traerá la paz
Y la felicidad.

Al mundo,
No le demuestro
Con gemidos
Y lágrimas
La terrible angustia
Que siento,
Pero sí con mis actos,
Lo que pienso.

Por mi frustración,
Quisiera ser la única
Sobre la tierra
Que pasara por esto
Para que los demás
Gozaran
De los beneficios
De otra vida.

Diciembre 8, 1980

## Mi Tesoro

Yo tengo un tesoro,
Muy grande y valioso.
No, no es plata
Ni oro
O ningún material.

El tesoro
Que yo tengo
No son monedas
Ni algún amor,
Son simplemente
Mis sentimientos,
Mis palabras,
Y mi pensar.

Mi tesoro
Es mío solamente.
Nadie nunca
Lo podrá agarrar
Porque mi tesoro
Es mí imaginar.

Dios me ha dado
Fuerzas para vivir
Y cualidades
Para ser distinta.
Aunque no sea
Del todo bien,
El tesoro
Que yo tengo
Es de expresar
Lo que siento

Y escribir
Mis pensamientos
De mí
Y del mundo entero.

Nadie es perfecto
Y yo no me debo
Quejar
Porque yo
No soy ni menos,
Ni un poco más,
Pero sí me di cuenta
Del tesoro
Que yo tengo.

Yo sé
Que todos
Llevamos escondidos
Cualidades
De gran valor
Y, por temor
O vergüenza,
No los sacamos a lucir
Pero yo,
En palabras escritas,
He dicho mi sentir.

Mi tesoro
Es individual
Y si alguien lo quiere,
No se lo podrá robar,
Porque está en mí,
Y mi saberme expresar.

Agosto 22, 1979

# AMOR JOVEN

Las ilusiones pasajeras
Llegan
Con una sonrisa,
Una mirada,
Una palabra,
Unas se alejan
Apresuradas
Buscando su meta,
Unas pasan
Desapercibidas
Como almas amigas,
Pero otras,
Se asientan
Y quedan estancadas
En el alma
Y en los recuerdos.

# Rumores

Dicen que me quieres,
No sé qué pensar,
Pues son rumores
Los que tratan de hablar.

No te dejes llevar
Por algo
Sin importancia,
Que si es cierto,
Rápido me lo harán notar,
Y después
Vendrá la venganza.

Rumores corren de mí,
Y por eso
Ya no eres igual.
Al fin de cuentas,
Todos son idénticos:
No respetan
Los sentimientos
De los demás.

Si yo pudiera saber
Que te dicen de mí,
Estoy segura
Que te haría cambiar
Sólo con hacerte saber
Que me haces
Muy feliz.

Octubre 6, 1978

## Creo

Creo que me estoy
Enamorando de ti.

Creo que todo
Podría ser felicidad
Pero sin ti
Se derrumbaría.

Creo que te amo
Pero por los demás
No podemos ser felices
Por rumores de la gente
Que inventan
Solamente.

Creo que contigo
No tuve suerte.
No me dejaron quererte
Y por eso creo
Es mejor de ti retirarme.

Octubre 5, 1978

## Amor

Amor siento por ti,
Espero tú sientas
Lo mismo por mí.

Un ramo de rosas
Son bonitas y sedosas,
Muestra de cariño sincero.

Te quiero
Pero no puedo decirlo
Pero sé que tú me amas
Y que sentimos por igual.

Entre los dos
Hay mucho amor
Como yo lo deseé siempre.
Muchas gracias,
Vida mía
Por estar a mi lado.


Diciembre 21, 1977

# Todo

Tú eres la luz
De mis tinieblas,
Eres el sol
De mis días,
Eres la luna
De mis noches,
Eres de mis tristezas
La alegría,
Eres de mis maldades
Todo lo bueno.

Tú eres
De mis sueños
La realidad,
Eres del odio
El amor,
Eres de mis lágrimas
La sonrisa,
Eres del jardín
La flor,
Eres de mi mentir
La verdad,
Eres
Una linda poesía.

Tu eres
Mi eterna ilusión,
Eres
Una especial locura,
Y te doy
Mi corazón
Con amor
Y ternura.

Eres todo
Y también eres
Mi gran amor
Y mi amigo sincero
Quien tiene
Mi confianza
Y me da la esperanza
Que todo será mejor
Otra vez.

Julio 7, 1979

## El Primer Amor

Muchos dicen
Que el primer amor
Es sólo ilusión
Y otros dicen
Que el primer amor
Es el único
Y verdadero.

El primer amor
Es el que enseña
Y de él se aprende.
Se aprende de tristezas,
Alegrías
E incomprensiones.

Con el primer amor
Se aprende a soñar,
A sonreír mejor,
Y a querer y añorar.

El primer amor
Es el que nos hace
Adultos
Y es quien
Nos enseña
Mucho de nuevo
Que, de niños,
Nunca pensamos
Que fuera.

Como al primer amor
No volvemos a querer.
Aunque sólo sea ilusión,
Siempre el primero
Especial
Ha de ser.

Mayo 21, 1979

# No Me Dejaron Quererte

No me dejaron
Quererte,
Te lo digo
Sinceramente.
Me dijeron
Que estaba muy chiquita,
Pero, ¿Qué saben ellos
En las cosas del amor?

Cuando te conocí,
Me impresionaron
Tus ojos,
Ojos verdes,
Ojos brujos
Y me gustó
La confianza
En ti mismo.

Me gustó la idea
De ser tu novia
Aunque fuera a la antigüita,
Pero no se hizo
Por ser muy chiquita.

Te fuiste
Sólo diciéndome
Que me querías,
Y yo te lo agradecía.
Tal vez algún día
Nos encontremos
Otra vez.

Ten bien presente
Que de ti me enamoré
Y no me dejaron quererte
Pero te llevaré
En mi mente siempre.

Mayo 15, 1979

## Pensando En Ti

Paso noche a noche
Sin poder dormir,
Pensando en mil cosas
Y en ti.

Cada mañana,
Cuando veo el sol salir
Por mi ventana,
Me acuerdo
Otra vez de ti.

Al atardecer,
Cuando el sol se retira,
Recuerdo tu querer
Y tus piadosas mentiras.

En la obscuridad,
Te recuerdo
Dulcemente,
En sueños
De intensa libertad.

Estás en mi mente
De sueños
Y realidad.


Octubre 9, 1978

## La Distancia

Larga es la distancia
Entre tú y yo,
Pero nos unimos
En el pensamiento.
Si no fuera
Por la distancia,
Estaríamos cerca
De cuerpo y alma
Y estaríamos en la alborada.

En la distancia,
Añoramos regresar
Al lugar soñado.
A veces, el amor
Es más fuerte
Por lo que ya no está cerca.
La distancia
Nos hace recapacitar,
Comprender
Y, tal vez, extrañar.

La distancia
Puede acercar
O alejar más
A las personas.
La distancia
Hace que se olviden
Algunos seres,
Pero eso es si uno quiere.

Junio 12, 1979

## Discúlpame

Discúlpame
Si te vengo
A molestar
Pero necesitaba hablar.
No, no te preocupes,
No volverá a pasar.
Discúlpame,
Esta vez,
No lo pude evitar.

Disculpas te pido,
Tu amor por mí
Llegó al olvido,
Pero, óyeme,
Te lo suplico.

Desde que me dejaste,
He vivido triste.
Mis ilusiones
Mataste
Y, sin consuelo a nada,
Me heriste cruelmente,
Con tu rechazo.

Sólo he venido
A causarte lástima.
Disculpas te pido
Por última vez,
Después me voy.

Discúlpame
Si te vine a molestar.
No volverá a pasar,
Pero hoy
No lo pude evitar.

Octubre 17, 1979

## Vete

Me dices
Que te vas.
Por mí
Está bien,
Vete ya,
Si así lo deseas.

Si algún día
Llegas otra vez
A mí,
Te recibiré bien.

Pero ahora
Vete,
Siente tu libertad.

Te vas,
Adiós.


Junio 19, 1978

## Renunciación

La gente es rara,
A veces demuestra
Una cosa
Queriendo decir otra.
Tú demostraste
Quererme
Y confundiste
Tus palabras
Y yo soy
La que sufre
Por tu cruel
Indiferencia.

Yo sólo pedía
Por un último favor,
Bailar al ritmo
De esta melodía
Pero te fuiste
Antes que te lo dijera.

Sólo fantasía fue,
Tú no deseas
Lo mismo que yo.
Te empezaba
A querer
Y tú me reusabas.
Nunca perdí
Las esperanzas
Pero hoy,
Aunque tarde,
Yo renuncio ya ti.

Estoy contenta
Porque te fuiste.
Pensaste
Que por ti
Iba a llorar,
Pues no,
No estoy triste
Y por ti
No voy a empezar.
Mi renunciación
Por ti
Será hasta la eternidad.
Se siempre feliz
Que yo empecé
A serlo ya.

Mayo 21, 1980

## Cuando Te Alejas

Angustia
Es la que siento
Cuando de mí te alejas,
Cuando cerca
Ya no estás.

Celos
Son los que siento
Cuando pienso
Que con otra estarás
Y que de mí
No te acordarás.

Tristeza
Es la que siento
Pensando
Que ya no has de volver
Y también
En lo tanto que te amo.

Desesperación
Es la que siento
Cuando tardas en volver
Y pienso
Que será muy tarde
Para estar juntos.

Llanto
Es el que derramo
Cuando me dices,
Ya no te amo,
Y por eso cobarde
Te llamo.

Alegría
Es la que siento
Al verte llegar otra vez
Y abrir la puerta
De mi casa
Y de mi corazón.


Mayo 6, 1979

## Bien Lo Sabes

Bien sabes
Que te quiero
Y tú no me haces caso.
Bien sabes
Que te sueño
Y quiero participar
En tu juego.

Bien sabes
Que eres mi todo
Y me siento muy sola.
Yo sé
Que tú me quieres
Pero te haces del rogar.

Agosto 16, 1979

## Vuelve

Amor mío,
Quiero que vuelvas,
Me haces falta,
Sólo porque es tanta
Mi tristeza
Quiero que vuelvas a mí.

Te amo
Y no puedo olvidarte
Y quiero que vuelvas.
Sólo con tres palabras
Te diré mis esperanzas:
Deseo que vuelvas.

Porque sin ti
No soy feliz,
Quiero que vuelvas a mí.


Junio 25, 1978

# Dame Un Beso

Dame un beso
Con ternura
Que provoque
Mi locura.
Dame un beso
Donde pongas
El corazón
Y tu amor.
Dame un beso,
No sólo uno,
Sino dos o tres,
Para saber
Que me quieres.

Dame un beso
Apasionado
Y diré
Que siempre
Me has amado.
Dame un beso
Ardiente
Que mi amor
Es más creciente.
Dame un beso
Con todos
Tus sentimientos.

Dame un beso
Donde yo esté
En tu pensamiento.
Dame un beso
Con fervor
Donde pongas
Todo tu amor.
Dame un beso
Y nunca te vayas.
Quiero estar
Siempre cerca de ti.

Abril 14, 1978

# Recuerdos

Cuando te conocí
Te dije hola
Y ahora que te vas,
Te digo adiós.
Me quedaré sola
A recordar
Las historia de los dos.

Recordaré todo
Lo que me dijiste.
No olvidaré las alegrías
Que me diste.

Recordaré
Que te quise
Con toda el alma
Y no tendré
Un rato de calma
Por la despedida
Que me das.

Abril 17, 1978

## Te Extraño

Te extraño.
Es todo lo que mis labios
Saben y pueden decir.
Sin ti las horas son años
Y nada me consuela.

Te extraño
Y olvidarte no puedo
Pues aún recuerdo
Cuando te marchaste.

Quisiera echar
Mi grito al viento
Y decir con aliento
Que te quiero,
Que te extraño.

Pero no digo a nadie
Que te extraño
Pues no me hacen caso.


Mayo 30, 1979

# Lágrimas Del Recuerdo

Recuerdo
Claramente
Nuestro triste adiós
Aunque
En lejano tiempo.
Recuerdo llorar,
Recuerdo
No atreverme
A decirte,
Quédate,
Yo sin ti nadie soy.
Sólo lo pensé,
Y sólo suspiros salían.
Con voz quebrada
Tú me dijiste,
Adiós, amor.

Recuerdo tus ojos
Nublados
Por el llanto,
Me decían
Del deseo de besarme,
De tenerme
Entre tus brazos,
Pero lo cual, pedirme
No te atrevías.

Recuerdo el adiós,
El cielo triste,
El día,
El lugar,
La gente,
Todo lo tengo presente.
Esto se ha hecho
Una historia
Para no olvidar
En mi imaginación.

Aquella vez
Me vi llorando
Y hoy siento
Las lágrimas
Rodar por mis mejillas.
Lloro por un adiós
En el pasado
Y siento latir mi pecho
Ya sin vida.

Junio 7, 1980

## Tu Partida

Tu figura
Se borró con el viento,
Te vi partir,
Tus labios
Tocaron mi piel
Al decirme que te vas.

Yo no te obligo
A quererme,
Tú eras libre
De hacerlo.
Hoy, cuando el sol
Se pose,
Y la luz
De las estrellas
Y el reflejo
De la luna
Me acompañen,
Tiernamente
Pensaré en ti.

Que eso llene
El hueco
De la soledad
Que dejas en mi corazón,
Y demuestro con suspiros
Al decirte adiós.


Septiembre 15, 1982

## Me Dejas

Estoy enamorada
De ti,
Me lo he confesado
Tantas veces.
Me enloqueces
Aunque de ti
No logro nada.

Por siempre
Quisiera
En tu boca saborear
Las mieles del amor
Que con ansias
Me brindas
En los momentos
De pasión.

En la capilla
Del pueblo
En que nací,
Le he pedido a Dios
Que me haga feliz
Dándome tu cariño
Y tu porvenir,
Pero creo
Que no será así.

Te quiero
Con desesperación,
Eres mi obsesión
Y al ver
Que en el horizonte
Se pierde tu figura,
Todo se me inunda
Con mis lágrimas.

Febrero 26, 1980

# Dime

Dime.
Si no me quieres,
Dímelo con sinceridad,
Yo sabré afrontar
La verdad,
Aunque sea
La soledad
Mientras tú goces
De la felicidad.

Tu nombre
De mi corazón
No puede salir,
Y si algún día podrá,
Sé que va a morir.

Quisiera tu olvido,
Quisiera la transición,
Pero más pido
Que me des tu corazón.

Enero 21, 1978

## Deseos

Deseo verte,
Deseo abrazarte,
Deseo besarte.

Pero deseos serán
Porque sé
Que no volverás.

Deseo estar contigo,
Es todo lo que pido.

Deseo volverte a ver,
No me importa
Donde, cuando
O con quien estés,
Simplemente deseo
Mirarte otra vez.


Mayo 30, 1979

# No Me Hagas Sufrir

Me pides que me vaya
Y tú bien sabes
Que te amo.
Por ti,
Doy mi vida entera,
Doy todo lo que tengo.

Pero si no me quieres,
Dímelo.
Sea lo que sea,
Siempre dime la verdad.
Dime
Lo que por mí tú sientas,
Si es amistad,
Cariño, o amor.

Quiero ser tuya,
Pero con franqueza
Te diré,
El día que ya no sientas
Lo que creo
Sientes por mí,
Sin perder tiempo,
Dímelo,
Y ya no me hagas sufrir
Con tu indecisión.

Si algún día
Sabes que vivo triste,
Piensa que es por ti
Y tú tienes la solución.
Ya no me hagas sufrir,
Yo por ti,
Yo doy mi vivir.

De favor te pido,
No te burles
De mis sentimientos.
Soy como soy,
Y todo se debe a ti,
Porque yo sólo
A ti te quiero.

Septiembre 30, 1979

# Tus Ojos

Tus ojos
Son como el mar,
Que sueltan las lágrimas
Con facilidad,
Son como el más allá,
Como el infinito,
Las noches
Y las estrellas,
Son como
El sol y la luna,
Como algo
En hora oportuna.

Tus ojos
Son como el paraíso
Pero indecisos,
Son como la felicidad
Y la tristeza,
Son como la soledad
Y la belleza.

Tus ojos
Pueden ser chicos
O grandes,
Reflejando alegrías,
Penas, o pesares.


Enero 21, 1978

## Eres De Otra

De tu mano
Me diste una flor,
Ahora eres de otra
Y siento mucho dolor.

Si para poder olvidarte,
Tienes que marcharte,
¡Quédate!
Yo me voy.

Pero al estar junto a otra,
Te mentirá fácilmente,
Y pensarás en mí
Como yo lo haré en ti.

Enero 29, 1978

## Este Día

Hoy sentí
La apagada ilusión
Brotar en mi corazón.
En mi alma
Ya no hay duda,
Todo es limpio
Y puro por ti.

Hoy, este día
He revivido
Todo lo perdido.

Hoy que te vas,
Quería decirte
Que te amo mucho más.

Hoy siento tu amor
Pero lo recordaré siempre
Para así poder vivir.


Julio 31, 1978

# ILUSIONES

La imaginación corre
Pero con límites
De una vida protegida,
Inocente y sencilla.
La imaginación
Viene en ilusiones
Como el producto
De lo que se busca
Y se necesita.

# Fantasías

Fantasía
Es ver
El sol brillante
En medio
De una tormenta.

Fantasía
Es llorar de tristeza
Y a la vez reír
De alegría.

Fantasía
Es ver la noche,
Las estrellas
Y la luna,
Y, de repente,
El sol
Y un bonito día.

Fantasía
Es la imaginación
Que tienen
Nuestras almas.
Es ver todo bonito
A nuestro alrededor.

Para mí
Todo es fantasía,
Un sueño
Donde no hay mentiras.

Fantasía es la vida
Que tú me das
Sin pedir
Nada a cambio.

Marzo 18, 1979

# Un Adiós

Nos dimos
Un beso,
Un adiós
Y un olvido,
Pero, a pesar de eso,
Olvidarte
No he podido.
El beso
Lo llevo prendido
De mi boca,
El adiós lo llevo
En mi corazón
Y el olvido
Ni lo recuerdo ya.

Esas caricias
Que nos dimos
Por última vez
Y esas palabras
Que nos dijimos
No son fáciles
De olvidar.

Cuando salgamos
Y veamos caras nuevas,
No olvidaremos
Nuestro cariño.
No por un adiós
Y un olvido,
Nos dejaremos
De recordar.

Hasta hoy
Yo no te puedo olvidar—
Ni voy a intentar—
Porque en mi mente,
Tú siempre estás.

Julio 5, 1979

## Soledad

¡Qué triste es la soledad!
Si no es del cuerpo,
Es del alma
Y la soledad
Hace la vida amargada.

Yo me siento sola,
Y nada
Me puede confortar.
Pero no estoy tan sola
Si tengo tu recuerdo.
Pienso en lo bueno
Que disfrutamos juntos,
Y eso llena los ratos vacíos.

Pero la soledad
Está presente
A todo momento
Y no tiene rival,
Si es como dicen
Que la soledad
Es un mal
Que se alivia
Con un pensamiento
De amor,
Entonces tú
Nunca estarás solo
Como lo he de estar yo.


Julio 21, 1979

## Mis Sueños

Una mañana
De marzo
Me desperté llorando
Por tonterías
Que había soñado.

Soñé
Que me arrancaban
De tu lado
Sabiendo
Cómo te amo.
Nos querían hacer sufrir
Y alejándonos
Trataban
Que nos olvidáramos.

Desperté sobresaltada.
Pero después
Me confortaban
Tus palabras
Y me sentí
Protegida y amada.


Septiembre 4, 1979

# Fantasía Dibujada

Me quedé
Con mis ilusiones nuevas
Pero te ofrezco
Mi cariño
Y tengo
Mis brazos abiertos.

Estoy a prueba,
No te puedo encontrar.
Es un espejismo
Que no estés a mi lado,
Si ayer te sentí
Y te vi
Junto a mí
Y estabas
De mí enamorado.

Quisiera dibujarte
En un cristal
Por tu belleza
Sin igual.
Dibujos de fantasías
Quiero tener de ti,
Sobre el mar verte
Decidido y sereno,
Interesante,
Sabio y bueno.

Tus virtudes llegan
En los reflejos
Frente a la naturaleza
Lleno de alegría.
Fantasías dibujadas,
Quiero ver
De ti,
Sonreír contento
Por ser siempre alagado.

Febrero 25, 1981

## Intimidad

Intimidad es
Un hombre y una mujer
En la soledad.

Intimidad es
Una noche obscura
En que se hacen
Todas las locuras.

Intimidad es
Quererte siempre,
De enero a diciembre.

Intimidad es
Hacer de uno libertad.


Febrero 25, 1978

## Una Pareja

Un hombre y una mujer
Tienen mil cosas
Por hacer.

Una mujer y un hombre—
No importa
Si son ricos o pobres—
Para saberse amar.

Un hombre y una mujer,
Para quererse,
No importa
La edad, color o religión.

Un hombre y una mujer,
No importa
Que estén solos,
Pueden ser comprendidos.

Un hombre y una mujer,
Como sea
Y donde sea
Pueden amarse
Pero no podrán olvidarse.

Marzo 31, 1978

# Cartas De Amor

Queriéndote tanto,
Te fuiste de mí,
Mi risa
Se convirtió en llanto
Y me olvidé de vivir.

Te creía
Tan lejano
Cuando recibí
Tus cartas
Diciéndome
En cada una,
Te quiero,
Te quiero.
Creyéndolo
Una tontería,
Decidí olvidarme de ti.

Tantas veces
Contemplo
El hermoso infinito,
Confundiendo
La naturaleza
Con la poesía,
Recordando tus palabras,
Tus cartas,
Tu vida y la mía.

Cartas y más cartas
Recibí
En cada línea
Me decías,
Te quiero,
No puedo vivir sin ti.

Miro las parejas
Caminar en la lluvia.
Me recuerdan
De ti y de mí.
Me pregunto
Si esta lluvia
Son tus lágrimas
Que derramas por mí,
Si acaso fuese así,
No lo hagas,
No merezco tanto de ti.

Tus cartas,
Tus palabras,
Tus "te quiero,"
Todo te recuerdo
Y me pregunto
Como hubiera sido
Lo nuestro.
Yo les llamo
Cartas de amor
Sin una verdadera razón.

Octubre 17, 1980

## Sueños

En sueños me siento,
Entre fantasías vivo.
No soy un mendigo,
Ni frío tengo
Cuando sueño contigo.

Sueño
Que estamos juntos,
Muy unidos
Por el amor,
En el paraíso,
Cerca de Dios.

Me siento
Una princesa
A tu lado,
Creo estar soñando
Cuando me besas
Y me acaricias
De una manera
Sin igual,
Me sueño
Tu prisionera
Entre las rejas
Del amor
Por la ternura
Que me das.

Me sueño
Junto a ti
Noche a noche,
Pero el despertar
Es un martirio
Para mí.

Junio 28, 1980

## Diferentes

Tus manos piden
Que te acaricie,
Tus ojos piden
Que los cierre.
Tus labios piden
Que los bese.

Pero ya no puedo amar,
Ya no tengo
Nada más para dar,
Yo no tengo
Más ilusión.

Ya no es como antes,
Ahora somos diferentes.
Yo te pido
Que me dejes en paz
Y trates de olvidar.

Junio 28, 1978

# Esperanzas

Soy pobre,
No tengo fortuna,
La única esperanza
Que me quedaba
Era tu ternura.

Querías irte
De mi lado
Para vagar
Por el mundo
Hasta el cansancio
De tu vida
Pero aún tengo
La esperanza
Que vuelvas algún día.

Tengo la esperanza
Que un día
Feliz seré.
Siempre hablo
En el eco
De la soledad
No lo niego.
He experimentado
La diferencia
Cuando tengo
Válida compañía.

Tengo la esperanza
Que donde estés,
Me recuerdes
Con amor
Y desees verme,
Porque así siento yo.

Septiembre 6, 1980

## Si Tú Fueras

Si tú fueras
El amor que soñé,
Te llenaría de besos
Como al de ayer.

Si tú fueras
El que sueño,
Te haría mi dueño
Pues, te soy sincera,
Me gustas
Pero falta algo
Que llene mis emociones.

Si tú fueras
El amor de mi vida,
La dicha sería
Para siempre bendita.


Marzo 8, 1978

# Amor De Un Rato

Amor de un rato
Es el que tú me das
En la oscuridad.
Al atardecer,
Recuerdo tus modos
Y tu querer.

Amor de un rato
Empieza al atardecer,
Sigue a la noche
Hasta el amanecer.

Amor de un rato
Es el de nosotros
Para no lastimar
A nadie.

Si, por desgracia,
Nos llegamos a ver
En el día
Con alguna compañía,
Fingimos no conocernos
Porque lo nuestro
Es tan sólo
Un amor de un rato.


Junio 3 1979

*Perdón*

Te pido perdón.
Aquella noche
Te alejaste de mí,
Ahora te pido,
Quédate aquí,
Y seamos algo más
Que simples amigos.

Que esta noche
Todo nos haga ver
Que nos acabamos
De conocer.
Aquella noche
Te interesaste
Pero me dejaste
Y me sentí muy triste.

Noviembre 9, 1978

## Nuestro Amor

En las noches,
Mirando el cielo obscuro,
Me imagino a tu lado
Y te veo sonreír.
Igual, la noche
Que te conocí,
Me gustó
Tu inolvidable sonrisa.

Nuestro amor
Fue corto
Pero muy hermoso.
Como nuestro amor,
Sé que no habrá
Ni aquí ni allá.


Febrero 10, 1980

## Me Haces Falta

Porque me haces falta,
Mis días
Son siglos
Y mis noches
Eternidad.
Sin ti
Mi vida
Es inconsecuente,
Mi corazón
Es como un cirio apagado
Y mis sentimientos
Son falsedad.

El cielo no es azul
Porque me haces falta tú.
Me haces falta tú
Para cambiar mi actitud.


Noviembre 20, 1979

## Eterna Ilusión

Me enamoré de ti
Desde que te conocí
Y aunque no estés aquí,
Yo te sigo queriendo.

En sueños te veo feliz
Por nuestro amor,
Te veo sonreír,
Me ves,
Me abrazas,
Me besas,
Se ve la satisfacción.

Te quiero
Aunque no regreses,
Eres ajeno
Y a la vez
Me perteneces.
No creo conocerte,
Pero siento
Que eres el amor
De mi vida.

En sueños te veo,
Te imagino a mi lado
Y en fantasías
Contigo soy feliz.

No deseo nada más
Si estoy contigo.
Mi alegría no cesa,
Por ser tú
El amor de mi vida,
En la fantasía que vivo.

Enero 28, 1981

## ¿Dónde Estás?

Amor,
¿Dónde estás?
Quisiera verte,
En tus brazos estar,
Y tus labios besar.

Aunque la distancia
Sea mucha
Y el tiempo eterno,
No tengas dudas
Que te sigo queriendo.

Con angustia
Me mira la gente
Al verme vagar
Por las calles
Sin encontrar
Rumbo fijo
O quien me de ánimo.

Cada vez
Que oigo tu nombre
Me pregunto,
*Amor,*
*¿Dónde estás?*
Sé que donde estés,
Me recordarás.

Contigo y hasta el fin
Me iré de esta vida
Por eso grito,
*Amor,*
*¿Dónde estás?*
Pidiendo tu regreso.

Septiembre 21, 1980

# Nostalgia

La nostalgia
Ha invadido mi corazón,
La realidad pisoteó
Mis ilusiones,
El llanto de mis ojos
Baña mi alma
Con lágrimas de dolor
Por un amor
Que se hizo
Un sueño
Y nunca será verdad.

Te quiero,
No lo puedo negar.
De mi vida,
Esto es lo más bello.
Estar lejos
No ayuda
A olvidarte.
Pasan los días,
Y los meses
Y te recuerdo todavía.

La terrible nostalgia
Me hizo prisionera,
Nunca serás mío,
Lo sé.
Tu alma está ligada
A los recuerdos
Del pasado,
Y eso a ti te hace sufrir.

He malogrado
Los sueños
Que, contigo y por ti,
Una vez tuve.
De todo tu amor,
Antes de tiempo,
Hice derroches
Y hoy
Que no lo tengo,
Todo se me derrumba.

La nostalgia
Y la tristeza
Han formado
Un valle de lágrimas
En mi alma afligida.
La melancolía
Se apoderó
De mi ser
Sin razón
O advertencia.

Diciembre 30, 1979

# Duda

Sueño que estás aquí
Junto a mí.
Me siento completa,
Soy feliz
Mas despierto
Y no te puedo encontrar.

Por ti
Construí castillos,
Casas en el aire,
En el mar,
Nidos de algodón
Que se desvanecen
Tan sólo con despertar.

Tú y yo,
Uno solo,
Un alma en dos cuerpos.
Duda sólo eres,
Eres ilusión
Que me alienta
Con encanto natural.

Febrero 3, 1982

# Plegaria

Escucha
Esta mi plegaria
Que yo te pido,
Por favor,
Te lo ruego,
Te lo suplico.

Esta plegaria
Es de mi amor
Por ti.
Plegaria de amor,
Plegaria de pobreza,
Es lo que siento
Sin tu calor.

Esta es mi plegaria
Que me salió
Del corazón
Pensando
En lo que daría
Por tener
Un poco de tu amor.


Junio 15, 1979

# Mi Amor Por Ti

Me preguntas
Que es mi amor por ti.
Te diré todo lo que es,
Es algo bonito
Que siento
Y felicidad al verte.

No es de orgullo,
Ni vergüenza,
Ni es silencioso,
Si quiero, lo digo
Y que sepa
El mundo entero
Que te quiero
Y soy feliz.

Es un suspiro,
Una palabra bonita,
Una sonrisa sincera,
Un beso
Cada que tú quieres,
Y un abrazo
Cuando me siento
Indefensa.

Es como un día lluvioso
En una cabaña
Bien protegidos,
Es como una tarde
De mayo
Al caer el sol
Sobre el lago,

Es una noche estrellada
Y la luna,
Muy luminosa
En la orilla del mar.

No es renunciación,
No es aventura,
No es ilusión,
Ni tampoco es una locura,
Simplemente amor es—
Siempre lo ha sido y lo será.

Julio 1, 1979

## El Día

El día
Que llegaste a mí,
Te adoré.
El día que te fuiste,
Traté de olvidar,
Te hice mi ideal
Desde el día que te conocí.

Me dejaste
Algo grato de ti,
Ahora pienso en ti
Como algo sin fin.

Cuando te conocí,
Me diste tu recuerdo
Y ahora que te vas
Me das tu olvido,
Pero yo no puedo
Aceptarlo sin motivos.


Enero 21, 1978

# Mañana

Te conocí
En un parque
Una tarde de abril,
Y en el mes de enero
Te perdí.
Cada mañana
Vuelvo a aquel parque
Y en esa misma banca
Me siento,
Aunque han pasado
Tantos años.

Como siempre,
Dijiste que regresarías
Mañana,
Pero ese mañana
Nunca llegó.
Creíste
Que no me lastimarías
Al irte de mi vida
Sin decirme nada.

Decir,
Mañana te cumpliré,
Es promesa
Sin sentido,
Y tú
Eso me hiciste creer.
Yo fui
Quien sufrió
Las consecuencias
De tu olvido.

Hoy, como siempre,
He vuelto
Al parque
De mis recuerdos.
Y al verte
Tuve una gran sorpresa,
Me doy cuenta
Que vengo aquí
Por la costumbre.
Todo está muerto,
Ya no te necesito
Y tú estás lleno
De esperanzas.

¿Por qué has regresado?
A estar sin ti
Ya me había
Acostumbrado.
Recuerda que el mañana
De tus promesas,
Ahora de mi parte,
No llegará.

Julio 24, 1979

# EVENTOS

Días de fiesta,
Días de celebración,
Días de recordación,
Lugares especiales
Y días importantes
Se hacen eventos.

## Un Padre

Cuando sientas
El calor
De tu hijo
En tus brazos,
Recuerda,
Serán tus pasos
Los que ha de llevar.

Al verlo crecer,
Reír y correr,
Te traerá orgullo.
Como padre
Y amigo,
De ver en sus ojos
El reflejo
De lo que has vivido.
Su adolescencia
Te recordará
De tu vida,
Y sabrás
Que son historias
Ya repetidas.

Dale tiempo,
Amor y atención
A los hijos
Que tengas.
Trátalos a todos
Por igual,
Recuerda,
Es más importante
El tiempo
Que el dinero.

Cuando
Ya haya formado
Su hogar
Y tenga su vida
El heredero,
Verás
Que siguió
Tus ejemplos
Y en cada uno,
Sigues viviendo.


Abril 2, 1979

## Esa Fiesta

En esa fiesta
Me conociste,
Y sin saber cómo yo era,
Me quisiste.
Te di alas
Para que volaras
En otro cielo,
Pero al ver
Que me querías llevar
Contigo,
Te las corté,
Y sin remedio,
Te quedaste aquí.

Desde esa fiesta,
De ti
Soy inseparable,
Pero no he sido sincera,
Por no decirte
Que sólo fui a divertirme,
Y jugué
A conquistarte.
Ahora
Estoy arrepentida.
Antes te agradaba.
Ahora, a veces,
Es como si no existiera.

En esa fiesta,
Me sentí
La más dichosa.
Hoy,
Soy la más desgraciada,
Pues en lugar
Que tú de mí
Te enamoraras
Fui yo de ti la enamorada.

Noviembre 10, 1979

## Esencia De La Inocencia

Dios te mandó
De los cielos
A llenar
El vacío de la cuna,
Con tu calor
Cubrir el frío
Como cual ninguna,
Tuvo que ser
Especialmente tú.

Yo te engendré
Con amor
En los ensueños
De mi vida.
En la esencia
De la inocencia
Te añoré tanto.
Llegaste
De la nada,
De algún hechizo
O cuento de hadas.

Llegaste
Con la dulce
Inocencia
En el encanto
De un beso,
No sabía
Lo que era eso
Pero ahora
Lo creo puro,
Lleno de ternura.

Un día de tantos
Llegaste a mí
Y el cielo
Perdió un ángel.
Mi sufrimiento
Se hizo alegría,
Yo oí
Un hermoso canto,
Cuando te oí reír.

Mi pensamiento
Navegaba
En la fantasía
Y te imaginaba
De mil maneras.
En ese mundo
Que quieto era todo,
Sólo oía
El murmullo
De nuestras voces
Y el cantar
De los pajarillos.
El eco de tu risa
Y de tu llanto
Era fuerte
Entre las montañas,
Como tan fuerte
Entre mis entrañas,
Cuando anunciaste
Tu llegada.

Te vi
Por primera vez,
Llorabas
Desesperada,
Y un pedazo de mí
Se fue contigo.
Me pertenecías,
Eras mía.
En tu piel tersa
Había un aroma
Escondido,
Era la esencia
De la inocencia.

Tu rostro infantil,
Bello y tierno,
Reflejaba
La dulzura
De la niñez.
Mi creatura
Hermosa,
Eras inocente
Al dolor
Y a la malicia.
Yo te arrullaba
Con suavidad
Y no me cansaba
De verte,
Eras un torbellino
De felicidad,
Fuiste blanca
Paloma,
Mi lecho
Fue tu palomar.

Mi creatura
Bonita,
Tenías tranquilidad.
El tiempo
Pasaba rápido,
Tu cuerpo
Tomaba una figura
Distinta.
Tu cabello,
Largo y negro,
Era juguete
Del viento.
Tu rostro
Era imagen única,
Y a la vez,
Era conocida.
Tu rostro sereno,
Tu cuerpo frágil,
Reflejaba la alegría,
Era una dicha
Inmensa,
Era la esencia
De la inocencia.

Yo soy tu madre,
Cuando niña
Fui tu protectora,
Ahora quiero ser
Tu amiga.
Yo te quería
Siempre a mi lado,
Niña, pura, buena,
Con la esencia
De la inocencia
Pero llega el amor
Y te lleva.

¿Dónde quedó
Mi niña
Con la esencia
De la inocencia,
De sentimientos
Puros,
Buena, amable,
Siempre contenta?

Jugabas
Con muñecas
De trapo
Inocentemente,
Ahora para saciar
Tus deseos,
Pides pasión
Rodeada
De unos brazos.

El tiempo cruel
No escuchaba
Este mi ruego.
El tiempo
Transcurría
Y tu niñez
Se convertía
En los encantos
De una mujer.

Hoy,
Vestida de blanco,
Compartes
Tu vida
Con un amante,

Romántico soñador,
Como tú
Y me siento orgullosa
Cuando te entrego a él.

Diciembre 1, 1982

# El Día De Las Madres
(A mi abuelita)

En el día de las madres,
Los sentimientos buenos
Se deben demostrar,
Y los momentos
Agradables hay que recordar.

Espero que este día,
La llenen de alegría
Sus hijos y nietos
Y usted a ellos
Que la llenen de cariño
Todos los niños,
Que se sienta feliz,
Y nunca triste,
Pues aunque esté lejos
De mí,
Quiero que sepa
Que en espíritu estoy allí.


Abril 7, 1978

## San Nicolás

El 24 de diciembre,
A las doce de la noche,
Va llegando
San Nicolás
En su trineo ligero
Cargado de juguetes.
El 24 de diciembre,
Cuando los niños
Duermen impacientes,
Esperando
La nueva alborada
Que siempre recuerdan.

San Nicolás
Con su barba,
Larga y blanca,
Es la delicia de los niños,
Por la bondad
De su corazón,
Da ternura infantil,
Que a cambio
Recibe cariño
Y gracias mil.

Le acompañan
Los santos,
Y con ellos traen un canto
De alegría y devoción
Que las risas
Se vuelven llanto
Por toda la emoción,
Al partir.

Como regalo
De Navidad,
Pediré a Dios
Y al mundo
Que el amor,
La paz y la libertad
Reinen en todo lugar
Así como Jesús
Y San Nicolás.

Noviembre 30 1980

## Quince Años

Cumplir quince años
No fue fácil,
Es cuando me sentí
Más triste,
Y todo fue más difícil.

Frente al espejo,
Vi los años
Caer sobre mí.
Me llegó la vejez,
Y pensé que el fin
Estaba cerca.

Era conflictiva,
La tristeza
Y la preocupación,
La alegría
Y la expectativa.
Me di cuenta,
*O se vive o se muere,*
Y escogí vivir.
La muerte llega
Cuando ella quiere.

Un cumpleaños
Es una etapa
Más de la vida
En la cual se piensa
Y, a veces, se logra
Lo que se desea ser.

Quince años
Es sólo una vez,
Pero esos recuerdos
Siempre se conservan
En el corazón.

Agosto 26, 1978

# El 14 De Febrero

14 de febrero,
Día de los enamorados,
Siempre se dice,
Te quiero,
A todo ser amado.
Día de San Valentín,
Se dice,
Contigo
Será hasta el fin.

Con este clavel
Te demuestro
Que en mi ser
Hay una ansiedad
Que nadie
Más puede apagar
Como tu amistad.

Hoy se dicen
Tantas cosas bonitas,
Que en vez de reír,
Hacen llorar
Por esas cosas
Pequeñas
Que salen del corazón.

14 de febrero,
Qué viva el amor
En el mundo entero,
Es para el soñador
Y para el amigo sincero.

Febrero 9, 1979

## Nuestro Día

Espero al leer
Estas simples letras,
Tu corazón se conmueva
Como el mío lo hace
Cuando te veo.

Este día especial
Nos pertenece,
Este 14 de febrero,
Como los anteriores
Y los que vendrán,
Son para celebrar.

Esta fecha
Es un homenaje
A nuestro amor,
Se festeja
La amistad y el amor,
Entre tú y yo
Hay sinceridad
Y cariño
Como entre amigos
Y hay amor ardiente
Como entre amantes.

En esta vida
Se acepta el sufrimiento
Y se aprovecha
La felicidad
Y yo, vida mía,
Soy feliz día tras día.

Espérame
En nuestro castillo
De sueños.
No tardaré
Para ver el final
De esta hermosa noche.
Te traeré
Como regalo especial,
Mis besos y mi corazón.

Febrero 12, 1980

## Quinceañera

Quinceañera,
Te has convertido
En una señorita
De una sociedad
Que empieza
A tomarte en cuenta
Y buscan tus opiniones
De mujer inquieta.

Quinceañera,
Te sientes reina
Del mundo,
Por tu inocencia,
Crees tener
El mundo
En tus manos
Y a los hombres
A tus pies,
Ves enamorados
Y príncipes azules
A tu disposición.

Quinceañera,
Nadie es tan linda
Como tú,
Para ti
Todo es felicidad
A tu alrededor.
Reina de la juventud,
Tu risa es ingenua
Y la das de corazón.

Quinceañera,
Disfruta.
Este es un año
Especial,
Así es cuando toda mujer
Se siente
La más dichosa.
Se superan
Las reacciones
Inesperadas
Yo lo sé,
Porque yo, también,
Fui en un tiempo
Quinceañera.

Junio 19, 1980

## Entre Humos Y Cenizas

Entre humos
Y cenizas
Tus recuerdos
Se van.
En el aire se esfuman
Tus palabras
Como el humo
Del cigarro.
Fumando,
Y con copa en mano
Te recuerdo
Dulcemente,
No olvido
Tus besos
Que me diste
Con pación.

Recuerdo
Los días hermosos
Que a tu lado
Pasé muy feliz.
Me ilusioné contigo,
Aunque nunca
Serías totalmente
Para mí.

Es otoño otra vez.
Y está nublado,
Más te recuerdo
Al ver las hojas
En el suelo

Y con este aire frío
Que siento.
No sé si será
Por los recuerdos,
El vino, o el humo,
Pero estoy llorando.

Estoy solo
En el apartamento
Que contigo compartí,
Estaba lleno
De luz y calor
Y ahora está callado
Y sombrío.

Frente
A la ventana,
Deseo verte llegar,
Me siento lejos
De aquí,
La música se lleva
Mi pensamiento,
Fumo sin parar,
Y el tiempo
Pasa sin sentir.

La tarde cae,
Tengo que partir.
Te esperé
Y no llegaste,
La soledad no soporté,
Y me voy de aquí.

Noviembre 27, 1979

*AMBIENTE*

El ambiente
Trae tanta inspiración
Que se confunde
Y se entrelaza
Con el amor.

## Primavera

Las flores nacen,
Como nació nuestro amor,
Con agua,
Atención y amor.
Todo es más bello
Cuando acaba de nacer
Y todo parece mejor.

Primavera es
Cuando el invierno se va
Junto con la soledad,
Primavera es
Cuando llega el amor
Y se va el dolor.

En el campo
Hay un nuevo color
Y un espléndido sol
Que deseo llegue ya.


Diciembre 22, 1977

# Flores De Mi Jardín

Yo tengo muchas flores
En mi jardín
Que se secan
Pero vuelven a salir
Al siguiente año.
Son flores
De casa y de campo
Plantadas
Por todo mi patio.

De estas flores
Yo escojo las mejores,
Crisantemos,
Hortensias,
Violetas y rosas,
Claveles y jazmines
Porque estas
Son las más olorosas.

Sin dejar de contar
Las flores del campo,
Malvas, amapolas
Y tulipanes,
Con sus encantos
Son las más reservadas
Para lugares especiales.

Pero ninguna flor
Por olorosa
O por ofrecida
Se parece
A las margaritas,
Gladiolas, lilas,
Y hasta los girasoles,
Pero entre todas,
Estas son las mejores.

Mayo 21, 1979

# Una Rosa Marchita

Una rosa marchita
Es sólo desdicha,
Para ti
Y para mí
Sin nada tener que decir.

Era una rosa roja
Que fácil se deshoja
Con el tiempo
Y el trato que le das.

Pero no es necesario
Matar las rosas
Para saber
Que tú me amas
Porque tú
Me lo demuestras
Y yo lo considero.


Diciembre 22, 1977

# Bajo La Lluvia

Bajo la lluvia
Lloro de tristeza,
Es la miseria
Que le das a este corazón.

Bajo la lluvia
Mi llanto derramo
Porque tú a mi amor
No haces caso.
En tormentas
De mi dolor,
Consuelo a mi amor.

Bajo la lluvia
Camino en calles oscuras
Pero me guía
Una linterna
De la esquina.


Mayo 25, 1979

## Refugio

Si el tiempo
Y la distancia
Nada significaran,
Estaría en tus brazos
Besándote
Como en vida pasada.

Tu alma y tu lecho
Son el mejor refugio
Que pude encontrar
Para mi fracasado amor.

Eres la cueva
De seguridad,
Refúgiame
En tu alma
Y hazme sentir
La protección
Porque mi corazón
Te ama.

Quiero un corazón
Sentimental,
No un corazón
Que lata por vivir,
Por eso tú eres
El refugio especial
Que es sólo para mí.


Marzo 13, 1981

## Luna

Luna,
En lo alto de los cielos,
Con el resplandor
Que tienes,
Alumbra mi alma,
Alumbra mi corazón.

Luna,
Lucero de plata,
Ilumíname.
El espacio infinito
Es para los soñadores
Pero ante ti
No hay ni pasado
Ni futuro
Sólo un hermoso
Presente.

Farol hermoso,
Brilla noche a noche
Frente a mi ventana.
Luna
Que te haces tan alta,
Y linda
Como las estrellas,
Ayúdame a conseguir
Lo que quiero
Por mí
Y por los que me rodean.

Julio 23, 1980

## Un Ave

Un ave
Es como el alma
Que recorre
Por distintos rumbos
Y corazones.

Un ave
Es como el espíritu
Que cruza
Los pueblos
Y atraviesa
Los problemas.

Un ave
Es como una persona,
Libre
Como el viento
Y ardiente
En el pensamiento.

Un ave
Vuela libremente,
Una persona
Camina
En la tierra lentamente.

A veces
Nos sentimos libres
Como un ave
Y a veces
Prohibidos
Como prisioneros.

Mayo 17, 1979

# Rosas

Piensa en la mujer
Como una flor
Cuando veas
Un rosal
Pues hay nombres
Difícil de olvidar,
Y el de Rosa más,
Es color,
Es nombre
Y es una flor.

Siempre
Para cualquier ocasión
Se regalan rosas,
Ya sean blancas,
Anaranjadas,
Amarillas,
Rosas, o rojas,
En amistad o en amor.

Las rosas
De mi rosal,
Suaves y primorosas,
Tienen perfume delicado,
Y aroma
Para enamorados.

Por eso yo digo
Que las rosas,
Bellas flores,
Llevan el romance
En pétalos sedosos,
Gustos y placeres,
A todos ponen al alcance.

Junio 20, 1979

# Sentimientos De Otoño

Del árbol
Se caen las hojas
Y se mueren
Las rosas rojas.

Me siento
Como un niño
Recorriendo
Solo caminos,
Hace aire y frío
Y mi alma
Siente un gran vacío.

Otoño,
A punto de llegar
El invierno,
Se va el verano
Y parece
Que todo lo que hice
Fue en vano.

Diciembre 22, 1977

# Pajarito En Libertad

Pajarito,
Tú, que andas
Por todos los caminos,
Dime
Donde está mejor.

Tú ves el destino,
Me cansé
De mi locura
Y ahora
Quiero volar
Así como tú.

Pajarito
De todos colores,
Tú traes la alegría
Con tu canto
Día a día,
En cada primavera,
Ahora corre y dime,
Donde brilla el sol.

Pajarito en libertad,
Quiero ser libre
Como tú.

Agosto 22, 1978

# RECORDACIÓN

La historia
Y las culturas mixtas
Son avivadas
Por las tradiciones
De una vida pasada
Que se recuerdan
Con placer
Y añoranza.

Debe haber
Recordación
En adelante.
Nuestros pasos,
Nuestras acciones,
Nuestras palabras
Deben mostrar
Orgullo y respeto
De dónde venimos
Y para la nueva cultura
Que se ha hecho
Y, así,
Las nuevas generaciones
Puedan sobresalir.

## Añoranza

Lejos
Me encuentro
De mi patria
Querida.
Larga es la distancia
Y los años
Que de mi país
Me separa
Pero aún así,
Extraño
A mi México querido.

Extraño ver
Los niños
Inocentes
Jugando en las calles
Y hacer
De cualquier lugar
Una cancha.
Las muchachas
Recatadas
Y los jóvenes
Atrevidos,
Las señoras de reboso
Platicando
Con su vecina,
Y los hombres
Con su sombrero
De paja
Compartían risas
Y bebidas
En la esquina.

Añoro
Sus parques,
Lugar de reunión
Para festejar,
Cualquier excusa
Para tener música
Y bailar.
Añoro por las noches
Las serenatas
De romance
Y ver las parejas
En los balcones.

Mi país
De nombre
Incomparable,
Cualquier callecita
Era un modelo digno
Para pintar.
Tus calles
De madrugada
Tenían aroma
De barro
Y tierra mojada,
De pobreza
Y tranquilidad
Con el café mezclado.

En las casas
De adobe
Y de cartón,
Abunda la pobreza
Pero no falta
El amor.
Otra vez quiero

Tomar café
En un jarro
Y comer taquitos
De frijoles y chilito.
Todo en los recuerdos
Se ve más bonito
Y sabe más rico.

En tus iglesias,
Catedrales
Y templos,
Quiero pedir ayuda
Para los prójimos.
Quisiera volver
Al país
Lleno de cultura
E historia,
De prosperidad
Y tradición.
Quisiera volver
A esa inocencia
Como yo lo veía
Cuando era joven
Y reía libremente.


Mayo 25, 1980

# Cinco De Mayo

México,
Hoy cinco de mayo,
Muchos patriotas
Dieron sus vidas
En aquella revolución
Para que hoy todos
Preserváramos
La libertad y la unión.

Cinco de mayo,
Fecha inolvidable,
Los franceses
Nuestra tierra
Invadieron
Pero nosotros
Con orgullo
Mostramos
Nuestra valentía y fuerza.

México,
Con bravura
Respondiste
Al pelear
Contra extranjeros
Y mucho diste
Sin armas
De protección.
No te acobardaste,
Ni mucho menos,
Paraste,
Peleaste sin descansar.

México,
Orgulloso estoy de ti,
Por tu pasado
Y tu porvenir.

Abril 23, 1979

# Mi Patria

Te añoro,
Y más te respeto
Cada día.
Sobre
Tus campos
Hermosos
Quiero regar
Mi llanto
Y hacerlos florecer
A cada paso.
En tus tierras
Fértiles
Quiero ser sepultado.

Tus hijos
Son hombres
De valentía,
Orgullo y dignidad,
Y tus mujeres
Son de belleza
Sin igual.

Eres refugio
Para todo
El que a ti viene,
Eres el corazón
Del universo,
Eres país hermoso
E inmenso,
En tus aires se respira
Un ambiente
Feliz y libre.

Patria hermosa,
Eres gloriosa
Por tener
La virgen María
En tu mapa.
En ti hay justicia
Y libertad.
La hospitalidad
Aquí no cesa.

Donde quiera
Que ando
En el mundo,
Siempre te recuerdo
Con amor,
Admiración y orgullo.

Enero 5, 1981

# REFLEXIONES

El conocerse
Es reflexionar.
Se necesita reflexionar
En lo vivido
Para aceptar los hechos
Y quedar tranquilo.
Se necesita reflexionar
Para hacer cambios
Y planear
Una vida mejor.

## La Vida Y La Muerte

La vida
No es
Como uno la planea.
Uno espera
Lo mejor,
Felicidad
Y harmonía,
Y lo que siempre es,
Es soledad
En ese día.

Se cree
Que la muerte
Es la solución
Sin preguntas
Ni respuestas
Pero quien
Se queda en la vida
Carga con ese peso
En su conciencia.

En ocasiones,
Con más asombro,
La muerte se lleva
A los seres inocentes
Y buenos
Y deja aquí
A los egoístas
Y malvados.

La vida es
Sólo un episodio,
Y la muerte es
Una transición
Donde
Todos somos
Como uno,
Nada más importa,
Sólo el alma.

Junio 30, 1979

## *Perdida Final*

Hay luto
En mi alma,
He perdido
La inocencia,
El amor
Y la calma.
Mi cuerpo
Va cubierto
Por un vestido
Negro
Y un oscuro velo
Cubre mi cara
Para que nadie vea
El dolor
Que llevo dentro.

Perdí a mi niña,
Para siempre
Cerró sus ojos,
Los ojos
Y las manos
De niña
Traviesa
E inquieta
De apenas seis años.

Dios mío,
Perdóname
Por mandarla lejos
Con la esperanza
Que tuviera
Mejor vida

Pero aquellos allá
Le negaron el calor,
El pan y la paz.
En su lugar,
Por accidente,
Encontró la muerte
Entre sus juegos.

Señor Dios,
Llévala
A tu reino celestial,
Protégela
Con tus ángeles
Que ya sufrió bastante.


Julio 1, 1980

## Me Siento Nada

Me siento sola
Estando rodeada
De la gente,
Me siento nada,
Aunque me creen
Inteligente.
Siento a veces
Que nadie me quiere,
Que no se interesan
Por mí,
Que no les preocupo,
Y siempre
Están a mi pendiente.

Me siento sola,
Me siento
Nostálgica y triste
Teniendo cerca
Tantas caras felices,
Siento pisar la pobreza
Y me tienen
En un pedestal.

Me siento basura
Porque no doy
Ni me dan ternura,
Me siento así,
Poca cosa,
Aunque tengo todo.
Me siento nada,

A veces
Me siento olvidada,
Y soy igual
Que todo el mundo
Pero todo lo que digo,
Lo siento
Muy profundo.

Si alguien escuchara
Cuando hablo,
Si alguien
Me diera su apoyo,
Que felicidad
Me darían.

Diciembre 10, 1979

## La Juventud

¿Qué es la niñez?
¿Qué es la juventud?
¿Serán un largo tiempo
Que se hace corto
Porque pasa
Corriendo,
Dejando sólo
Huellas y rasgos?

¿Será la juventud
Una temporada
Para disfrutar
Muchas cosas?
¿Una temporada
De deseos
Y sueños,
Amores
Y amistades,
Triunfos
Y riquezas
Pero nunca fracasos,
Pobrezas
Ni derrotas?

Al pasar los años
Vamos dejando
La juventud atrás.
Luego
Nos preguntamos,
¿Qué es la vejez?
¿Será un corto tiempo
Que se hace largo,
Lleno de experiencias,
De recuerdos,
Y preocupaciones
Por cosas mínimas?

En la vejez
Se enseñan
Las lecciones
Aprendidas de la vida
Para que los jóvenes
No fracasen
De igual manera
Pero ellos viven,
Fallan y caen
Y aprenden igual.

Pero,
No nos adelantemos,
Vivamos
La juventud,
Aunque en la cara se note
Que ya pasó,
Hay que hacerles
Saber a todos
Que ni la niñez
Ni la juventud
Se han alejado
De nuestros corazones.

Junio 17, 1979

## Locura

Qué locura.
Hay gente
Peor que yo,
Pero en mis agobios,
Creo ser la única
En el mundo
Que sufre.
Si me sucede
Algo triste,
Desagradable,
O algún fracaso,
Ya quiero morir.
Me siento frustrada,
Apenada
De mí misma
Por no ser perfecta
Como veo a los demás.

Me encanta
El silencio,
Me gusta la oscuridad,
Me encanta estar sola
Para poder pensar
Y ordenar
Mis sentimientos.
Tengo ganas de llorar,
Siento deseos
De gritar,
Desahogar mi dolor,
Y herir al universo—
Así como me siento yo.

Quisiera subir
Al infinito
Sin ser ni tener
El dominio de nadie.
Sé que si llorara,
Desahogaría mi alma,
Mis ojos
Reflejarían paz,
Alejaría
La duda y la pena
Que siento
Que me mata
Pero sé que no puedo,
No hay razón para esto
Y me juzgarían
Como loca.

Me hacen al lado,
Veo a otros
Con su problema
Obvio
Vivir felices,
A nadie pertenezco,
En ningún lugar
Encajo,
Me siento muy sola
Y quien
No me conoce,
Según dicen
Soy agradable,
Pero para aquellos
Que me conocen,
Soy desechable.

Como quisiera
Dormir

Y no despertar jamás,
Deseo cerrar
Mis ojos
A la eternidad,
Donde nadie perturbe
Mi pensamiento,
Quisiera ser yo
Y no el reflejo
De quien me creó.

Apariencias
Sólo me quedan
Para enfrentarme
Al mundo.
Quisiera cerrar
Los ojos
Y no abrirlos más,
Quisiera
Que la nostalgia
Que siento
Pronto se olvidara,
Quisiera viajar
A un mundo
De sueños
Donde esté
Solamente yo.

Sólo es locura
Que envuelve mi mente
En mis tristes
Y solos días.
Todos tenemos
Problemas,
Debilidades y fallas,
Todos tenemos
Incapacidades,
Escondidas o visibles,
Leves o fuertes,
Todos tenemos
Problemas
Mentales o físicos,
Que necesitan
Ser descubiertos,
Para ayudarnos
Y a otras gentes,
Pero sólo vemos
El mal de quien está
Enfrente.

Ayúdame,
Dios mío,
A sobrevivir
Este mundo ingrato,
A no temer a nada,
Y que tus mandatos
Sean obedecidos.
Ayúdame
A no sentirme
Inferior,
Porque todos
Deberíamos
Ser iguales
En vida
Si todos somos iguales
Cuando acaba la vida.

Abril 25, 1980

## Lágrimas, Lágrimas

Llorando nacemos,
Y llorando nos vamos.

Lágrimas, lágrimas,
De tristeza
O de dolor,
En todos resbalan.

Lágrimas, lágrimas,
Son de angustia,
Celos, alegría
O por un adiós,
Por un comienzo
O por un amor.

Lágrimas, lágrimas,
Por sorpresas,
Malas o buenas,
Por un beso,
Por un deseo
No cumplido,
Por un regreso,
Siempre resbalan.

Llorando nacemos
Y llorando nos vamos
Y mientras nos quedamos,
Siempre serán
Lágrimas, lágrimas.

Mayo 26, 1979

## Lamentos

Lamento el día
Que en manos
Desconocidas
Puse mis composiciones.
Los dejé ir
Sin imaginar
Que se podrían perder.

Sólo lamentos
Me han quedado,
Perdí mis escritos
Y ahora sólo lamentos
Y arrepentimientos
Me quedaron.

Lo que escribo
Es parte de mi ser,
Y esas composiciones
Eran el tesoro
Más grande,
Ahora lo creo perdido,
No sé qué hacer.

Vivo de lamentos
Y arrepentimientos,
Pero le pido a Dios
Que no sea cierto,
Esas composiciones
Eran mis pensamientos
Y mi pasado.

Le ruego al Creador
Que pueda tener
Mi tesoro
En mis manos otra vez.
Si los vuelvo a ver,
Juro nunca más
Los prestaré.

Septiembre 1, 1979

## Tiempo

Guardo
Mis desgracias
En recuerdos
Del ayer
Y pongo
Mis esperanzas
En un mañana
Probable
Cuando habrá
Menos tiempo
Para pensar y decir
Lo que se quiere negar.

Mañana
Es un tiempo
Que llega más pronto
De lo que se espera.
Las emociones
Se sienten
En su momento
Y a veces
Se demuestran
Aunque no se hablen.
Hay tiempo
Para sentirlo
A su tiempo.

Yo diré, Sí,
A todo
Lo que he soñado.
Y habrá tiempo
Para ser
Lo que he querido ser
Hasta que sea
Tiempo de morir.

Mayo 23, 1979

## Mentiras

Todos mentimos
A veces,
Yo por mi parte,
Sé que
He mentido bastante
Pero lo mío
No es frecuente
Ni agraviante.

Mentira
Es pedir ayuda
Y ofrecer la mano
A quien lo pide,
Pero cuando están
En apuros,
Nadie se preocupa,
Ponen condiciones
O limitan la ayuda.

He pedido ayuda
Y me la han negado.
Y tan cerca
De la gente,
Me siento olvidada.
Me dicen
Que me quieren,
Pero no me lo han
Demostrado.

No me gustan
Las mentiras,
Soy sincera
Y directa,
Aunque cuido
No ofender,
Prefiero así,
A caer en la trampa
De la mentira continua.

Perdonemos
La mentira
Y seamos ya sinceros.
En el amor,
La dicha es poca,
Si no se goza
A tiempo.

Julio 9, 1979

# Un Vagabundo

Un vagabundo,
Camina solo
Y triste
Por el mundo,
Carga
Con las desgracias
En el corazón
Pensando
En lo que será
El mañana
Y el después.

Un vagabundo
Se destroza el alma
Y causa vergüenza
Y lástima.
Llora
Y se desanima
Por los insultos
Que algunos dan
Sin medida.

Pero algún día
Llegará la alegría
A su corazón
Con nuevas ilusiones,
Esperanzas y vida.

Hay aquellos
Que tienen conciencia
Y dan la mano
Para recoger
Al prójimo
Y al amigo.

Febrero 17, 1978

## El Tiempo Pasa

Pasa el tiempo,
Pasa como las aves
Volando,
Pasa sin sentir
Entre las manos.

Pasa el tiempo,
Corre rápido y libre
Como el viento
Dejando sólo recuerdos.

El tiempo pasa,
No se detiene
Ni regresa.
Parece que fue ayer
Cuando llegué
A este mundo
Pero tantos años
Han pasado
De ese minuto.

El tiempo
Me ha traído
Alegría
Y sufrimiento,
Experiencias
Y desengaños,
Desilusiones
Y esperanzas
Y todo lo he aceptado.

Hoy decimos,
Mañana haré
Esto y esto
Porque hoy
No tuve tiempo.
Planeamos cosas
Pero en el tiempo
No sale nada bien
Porque el tiempo
Es tiempo.

El tiempo
Arregla todo
Y da la explicación.
Pero el tiempo se va
Y nosotros junto con él,
Y en el tiempo
No hacemos nada
Porque el tiempo
Es tan sólo eso,
Tiempo.

Julio 9, 1979

## Mi Suerte

Maldigo mi suerte.
Me siento
Tan desgraciada
Y me pregunto
Si tengo
Un ángel de la guarda
Como todos los demás.
Y la respuesta
Llega sola:
¡No!

En otras ocasiones,
Bendigo mi suerte
Y le doy gracias
A Dios
Por mandarme
Tanta felicidad.

Me pongo a pensar,
¡Qué negra
Tengo mi suerte!
Pero después
De meditar
En lo que me pasa,
Pienso
Que si algo salió mal,
Solamente
Es por mi causa.

La suerte
No llega
Por sí sola,
Es parte del destino
Que ya está escrito,
Y es parte
De lo que hacemos,
Sacrificios hechos,
Para vencer barreras
Y hacer lo que pudimos.


Octubre 23, 1979

## Aspiración

Algún día
Estaré
Donde quiero estar,
Algún día
Seré
Lo que en verdad
Quiero ser,
Algún día
Estaré
Con quien quiera,
En la tierra
O en el mar
Pero juntos
Por siempre jamás.

Algún día
Mis sueños
Realizaré
Y a nadie
Nada pediré,
Algún día
El cielo
Será todo mío,
Nada será ajeno
O desconocido.

Algún día
Mis aspiraciones
Estarán satisfechas,
Pero tal vez,
Ese día
Será el fin
De mi vida.

Abril 5, 1981

# DEDICACIONES

Algunos
Dan una mayor impresión
Que otros,
Algunos
Dicen lo correcto
En el momento preciso,
Algunos
Te elevan,
La presencia de algunos
Hacen toda la diferencia.

# Tu Voz

Tu voz misteriosa
Me ha intrigado
Y quisiera conocerte.
En la distancia
Tu voz
Se escucha sensible,
Cordial y paciente.

Me gusta tu voz suave
Aunque desconocida,
Pero la encuentro
Seductora y amiga.
Tu voz,
Algo sensual,
Algo romántica,
Provoca mis sentidos
Y a ti me siento atraída.

Tu voz es única,
Tu voz es especial,
Es melodiosa
Y atractiva,
Cautiva mi atención total,
Me hace soñar,
Y me hace pensar
Y siempre quiero
Escuchar más.

Junio 10, 1980

## Mi Amigo

A ti
Te llamo amigo
Porque eres testigo
De mis penas
Y alegrías,
Vienes siempre
Que te necesito,
Estás junto a mí
Día tras día
Y das alivio
A mis tristezas
Con palabras
De ternura y cariño.

Mi amigo,
Eres mi confidente,
Te quiero
Como a un hermano,
Nunca estás ausente
Y siempre estás
A mi pendiente.

Amigo mío,
Cuenta conmigo
En cosas
De amistad
O amoríos,
Tú me has dado
Mi valor
Y yo te he dado
Mi amistad.

Eres mi amigo,
Mi amigo
Del alma,
Tú me haces
Rectificar
Los errores de la vida.
Amigo mío,
Gracias
Por ser así conmigo,
Por tenerme paciencia
Y por darme
La esperanzas
Que todo será mejor.

Marzo 10, 1980

## Tú

Si el tiempo
Se pudiera detener,
De ti
No me separaría,
Si el viento
Se pudiera ver,
Yo claro todo lo vería.

El viento
Y el mar
Son para admirar,
El tiempo
Y tú
Son como eterna
Juventud.
Junto a ti,
No quisiera saber
De nada
Para no sufrir.

Tú,
Que me das
Ese amor prohibido,
Tú,
Que me quemas
Con ese fuego
Escondido,
Haz que el tiempo
Se pare
Para seguir contigo,
Haz que el viento
Se vaya,
Para no tener frío.
Junto a ti
Todo se me olvida,
Sólo vivo la vida.

Mayo 29, 1979

## Bienvenida

Un adiós
Es muy triste
Pero una bienvenida
Siempre es alegre.
De un lugar te fuiste
Viniendo
A otro para siempre.

Serás feliz allá,
Yo lo sé,
Te extrañaremos,
Segura estoy.
Allá te esperan
Con los brazos
Abiertos,
Y aquí,
Los nuestros se cierran
Al decirte
En silencio
No un adiós,
Sino hasta luego.

Materiales no te doy,
Porque se acaban,
Las palabras,
Se las lleva el viento,
Los sentimientos,
En el tiempo
Y distancia
Se olvidan.

Te deseo felicidad
Y larga vida
Y que Dios
Te bendiga
Donde estés.
Un humilde
Pensamiento
Te regalo
Y espero que al leerlo,
Recuerdes
Que te extrañamos.

Con este pensamiento
Creo darte las gracias
Por tanto
Que has hecho
Por mí,
Pero no te sientas
Obligado
A ofrecer gratitud
Por el cariño
Que haces sentir.

Junio 22, 1980

## A Mi Madre

Fui semilla
Engendrada
En tu vientre,
Fruto,
Que con sencillez
Diste a luz,
Soy rama
De tu raíz
Que regaste
Con tu llanto,
Con el amor
Y ternura
Sólo lo cuidaste tú.

Madre,
Te agradezco
Por darme la vida,
Por superar miserias
Para cuidar de mí
A todo momento,
Has hecho
Rutina diaria
Todos tus sacrificios,
Eres mujer
De tu casa
Y de tus hijos,
Eres el latido
De mi conciencia,
Y buen ejemplo a seguir.

Perdona
Mi mal comportamiento
Y dame
Tu bendición.
Aunque vivo tranquila,
Sé que pudo haber sido
Todo mejor.

Mayo 9, 1980

## Graduación

El fin de una etapa
Y el comienzo de otra,
La graduación divide
Lo conocido del ayer
A las expectativas
Y los misterios
Del mañana.

El diploma me dice
Que atrás se queda
La niñez,
La seguridad
Y la protección
Del sistema.
Un papel me dice
Que cumplí
Los requisitos,
Aunque no fui
Muy buena estudiante
Ni aprendiz,
Pero el papel me abre
Nuevos caminos.

Algunos amigos
Tienen su futuro
Ya previsto
Y se quedan contentos,
Y yo,
Yo no sabía bien
Como empezar
O en que medio,
Pero escribir
Era el sueño.

Llega la despedida
Con mis amigos,
Abrazos
De buenos deseos,
Promesas
De mantenernos
En contacto,
Alegrías y sonrisas
Por haber logrado
La meta
Y tristeza por todo
Lo que se queda.

El libro
De los recuerdos
Me dice
Que era amiga
De mucha gente.
Todos me pedían
Que no cambiara
Porque mi franqueza
Era única y especial.
Las promesas
De aquellos días
Quedaron
Por siempre escritas
Pero no fueron realidad.
Cada quien
Agarró un rumbo
A su gusto
Y necesidad.

Diciembre 30, 1982

www.ingramcontent.com/pod-product-compliance
Lightning Source LLC
LaVergne TN
LVHW011712060526
838200LV00051B/2879